# 研究者への道

――学術論文の執筆方法に関する一考察――

リム ボン 著

晃洋書房

# はじめに

将来、立派な研究者になりたい。そのような夢と希望を抱いて大学院に進学したフレッシュマンがいる。修士論文に着手している大学院生もいる。そして、博士号を取得するために学会誌のレフリー付論文にチャレンジしている大学院生もいる。みなさん、ワクワクドキドキ、心躍らせて研究に取り組んでいることであろう。

他方で、どのように論文に取り組めばよいのかがわからず、不安と焦りに苛まれている大学院生もいるであろう。私（著者）も若いころは研究テーマの探し方や論文の執筆方法がわからなくて苦しんだ記憶がある。人によっては、このような苦しみは生みの苦しみとして必要であるという意見もあるが、私はそうは思わない。不必要な苦しみであり、時間のロスでしかない。最悪の場合、大学院生たちの研究意欲を殺いでしまう。

「テーマが決まれば研究は七割終ったようなものだ！」

私が大学院生の頃、そう豪語しながら大学院生たちに発破をかける先生がいた。とても心強かった。この先生について行けば研究テーマで苦労をしなくてすむ。そう考えたからだ。けれども、肝心のテーマの決め方については「自分で考えろ」といって大学院生たちを突き放した。私たちはガクッと躓《つまず》いた。最も肝心なところではないか。ここでしっかり大学院生と向き合ってテーマを構築する作業に付き合う、それが指導教員の役割ではないか。若い頃の私はそう考えた。

あれから三〇数年の月日が経過した。お節介ながら、この間に私自身が蓄積してきた技法を紹介してみようと考えた。いわば、私流の秘伝の伝授だ（というか、独断と偏見の押し売りだ）。

本書は、これから学術研究に挑んでみようと考えている大学院生や学部学生を対象に、学術論文を成功裏に仕上げてゆくための具体的方法を明らかにすることを目的としている。

第一章では大学院生たちが指導教員を選択する際に心得ておいた方がよいと思われるポイ

ントを具体的なエピソードを交えて紹介している。第二章では学術論文とは何か、そして独創的な学術論文はどのようにして生産されるのか、その技法を紹介している。第三章では博士後期課程の大学院生たちが学会誌のレフリー付論文に挑戦する際の留意点を紹介している。

目次

# 第一章　指導教員との出会い

## ――小説仕立て――

### 1　大学院生と指導教員の関係の類型化

文部科学行政の制度のもとでは、大学院に在籍する学生たちは指導教員の指導を仰がなければならない。故に指導教員の役割は極めて重要なのだ。とりわけ、将来プロの研究者になることを目指す大学院生たちにとっては指導教員との出会いが決定的な意味を持つ。指導教員の質が問われる。

はたして、指導教員と呼ばれている人たちの全てが大学院生を上手く指導しているかというと、残念ながら、そうとは言い切れない現実がある。

アカハラ、パワハラ、セクハラの訴えが後を絶たない。大学院生と指導教員との間で多くのトラブルが発生していることは周知の事実であり、社会問題化しているといっても決して過言ではない。せっかく大学院生になったのに、指導教員との関係に問題が生じたら……。これは大学院生たちにとってとても不幸なことである。このような事態を回避するためには、指導教員と大学院生との間で何らかのコンセンサス（たとえば本章末尾に記しているような）が必要となる。これが本章を執筆するにいたった動機である。

いま、指導教員と大学院生の関係を、それぞれの力量をもとに類型化してみよう。ここで言う「力量とは何か」ということが最初に問われるはずであるが、この点については後の文で展開しているつもりなので、ここでは省略する。

一つの図式を考えた。縦軸に指導教員の指導能力の大小（上が大、下が小）、横軸に大学院生の力量（学力、モチベーション、バイタリティ等の総合的パワー）の大小（右が大、左が小）を設定し、縦軸と横軸を直行させた。すると四つの面（象限）が描き出される。実際に図を描いてみたのだが、あまりの生々しさに、気の弱い私は怖気づいてしまった。

九ページの図。右上を第一象限、反時計回りに、左上を第二象限、左下を第三象限、右下

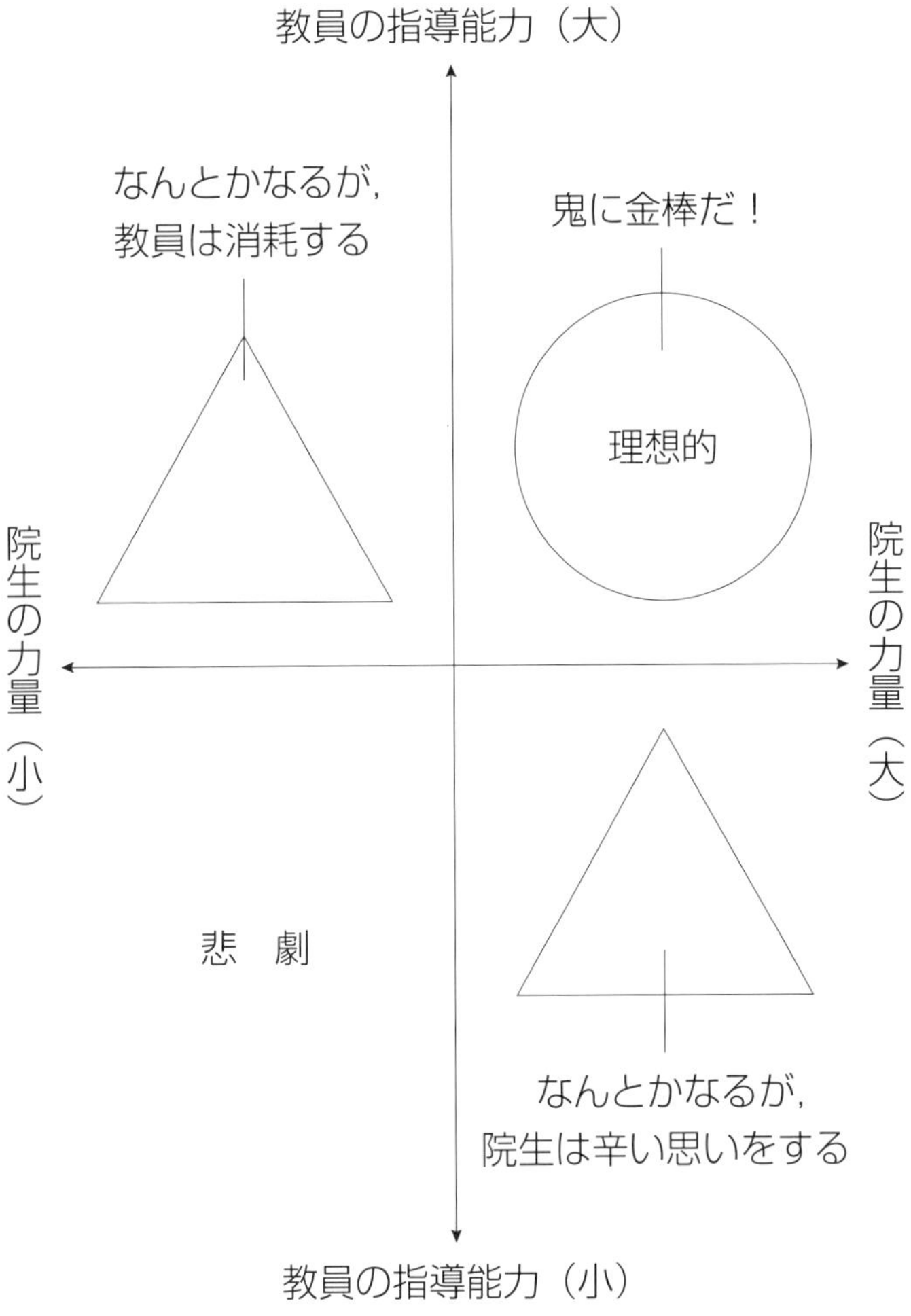
教員の指導能力（大）
なんとかなるが，
教員は消耗する
鬼に金棒だ！
理想的
院生の力量（小）
院生の力量（大）
悲　劇
なんとかなるが，
院生は辛い思いをする
教員の指導能力（小）

を第四象限とする。この図式を見る限り、第一象限が最も理想的な類型となる。大学院生にとっても指導教員にとっても、双方が最もハッピーな関係を構築することができる関係性だ。第二象限は、大学院生の力量が少々劣っていても、誠実に取り組んでいてさえすれば、なんとか研究成果を生み出すことができる関係性だ。第三象限は論外だ。もしもこのような状態が世の中に存在するとすれば、それは何かの間違いであるとしかいいようがない。だから、ここでは触れないこととする。第四象限。大学院生たちが最も苦労するのがこの関係性に直面した時である。教員が、指導能力では劣っていたとしても、大学院生と誠実に向き合い、サポートしようと努力する人であればいくらか救いはあるが、そうではなく、人格が崩壊していて、意地の悪い人であった場合、大学院生は本当に困った状況におかれる。実際に、そのような関係性に直面して将来を棒に振ってしまった大学院生を私は何人も知っている。うつ状態に陥り、自ら命を絶った人もいた。彼ら彼女らは本当に悔しい思いをしたに違いない。人災以外の何ものでもない。

## 2　本章の方法論的特質

どのような人物が指導教員に相応しいのか。大学院生と指導教員、どちらも人間なので相性の問題もある。ケースバイケースなのだ。本章では、私が三〇数年前に実際に体験した出来事をもとに、私なりに考え得る理想的な指導教員像を描き出してみたい。これは結構微妙で、危険で、ヤバイ話になりそうだ。事と次第によっては、誹謗中傷と受け取られ、名誉棄損で訴えられるかもしれない。だから、間違っても実名を登場させるわけにはいかない。なんらかの工夫を凝らさなくてはならないのである。思案の末、一つの解決方法に辿り着いた。それはフィクションを活用することである。

フィクション（小説）の技法を取り入れることで、誰も傷付けることなく、私なりの仮説を自由に披露することができる。公序良俗にも反しない。

フィクションであるので、リサーチペーパーにはなり得ないけれども、研究ノートとしては成り立つ。

「本章はフィクションであり、登場する人物や団体は架空のものである。けれども、実際にあった出来事にインスパイアされた作品である」ということにしておこう。

主人公をエル君と呼ぶことにする。

本章では、エル君が学部生の頃から学問に興味を抱くようになり、大学院に進学して博士号を取得し、やがて研究者として独り立ちしてゆく過程を、指導教員たちとの出会いを軸に展開する。そうすることで指導教員のあるべき姿の一端を浮き彫りにする。あくまでも小説として。これが本章の方法論的特質である。

では、ここでいう方法論と何か。蛇足ではあるが触れておこう。

そもそも研究や論文においては、必ず、解決しなければならない〝課題〟が明示されなければならない。そしてその課題を解決するための原動力（最も有効な手段）となるアイデアを見出さなければならない。これが方法論である。課題を解決するための、根源的な思考の拠り所、コンセプト、このようなものが方法論になることが多い。つまり、発想（着想やアプローチの方法）のことである。方針を示すことといってもよいだろう。アンケートや実証実験といった調査分析の方法とは異なる。それらは作業手法（技術）である。しかし、このような作業手法も世の中に登場し始めた頃には一世を風靡し、研究を大きく前進させるための有力な原動力となり、方法論としての役割を演じたことがある。その最たる例がＳＡＳやＳＰＳＳなどの統計パッケージである。方法論と分析手法、この両者は哲学と技術の関係とよく似ている。

## 3　憧れへの接近
――学部生時代――

### (1) 学問は慣れである

一九七九年四月、エル君は北摂大学工学部建築学科の二年生になっていた。ワクワクしていた。なぜなら、二年生から授業のほとんどが専門科目になるからだ。一年生の頃は教養科目ばかりでつまらなかった。通学電車の中ではいつも講義概要を眺めながら専門科目の内容にいろいろと空想を巡らせていた。

最初の専門科目、「建築構造力学Ⅰ」の授業が始まった。もちろん必修科目、担当者はワッショイ先生だった。この先生、実は建築構造力学の権威で、建築学会副会長などの要職を歴任した、その筋の大物だ。若い頃はあの今西錦司（日本の霊長類研究の創始者で登山家、一九〇二―一九九二）とジョギング仲間だったそうだ。本人がそう自慢していた。

エル君が通っていた北摂大学は新設校だった。元国会議員の理事長の方針で、大学のステイタスの向上を図るため、旧帝国大学を定年退官した有名教授を多く雇用していた。ワッショイ先生はその筆頭株だった。授業には毎回二人の助教授（今でいう准教授）が付き添っていた。ワッショイ先生は背広の襟にピンマイクを付け、自分の講義を録音していた。付き添いの助教授たちがあとでそれをテープ起こしして、貴重な資料として保管した。

ワッショイ先生の人柄はとても穏やかではあったが、講義の内容は〝超〟が付くほど難解であった。教科書のレベルを遥かに越える内容で、偏微分方程式などが登場したりするものだから、受講生たちはみな辟易としていた。「建築構造力学Ⅰ」の通常の教科書をみると、内容は入門書レベルで、ごく簡単な梃子の原理を理解してさえいれば済む程度のものであった。要は、一次方程式で力のモーメントを割り出せばよい。公式さえ知っていれば、そこに数値を当てはめて解が得られる。この段階ではそれで充分なのである。ところが、ワッショイ先生にかかるとそれでは済まされない。力のモーメントの原理そのものを解明する作業に突入してしまう。偏微分方程式の展開が延々と続く。学生たちにとって、「建築構造力学Ⅰ」の授業は苦痛以外の何物でもなかった。

時折、うんざりしている受講生たちの表情を見まわして、ワッショイ先生はいった。

「学問は慣れです。特別な才能は必要ない」

そしてニタッと笑った。

不思議なもので、苦行のような授業も五週目ぐらいになると楽になってきた。エル君はそう感じた。慣れてきたのだ。内容も少しずつ理解できるような気になっていた。ワッショイ先生がいったことは本当だった。

ある日、いつもどおり、ワッショイ先生が黒板に方程式を展開していた。それを目で追っていたエル君は、わが目を疑った。あろうことか、ワッショイ先生の方程式に間違いがあったのだ。ある箇所で、－（マイナス）であるはずの符号が＋（プラス）になっていた。

エル君はドキドキした。先生の間違いを発見したことで少し嬉しい気分になっていた。

「先生に間違いを指摘してみようか」

邪悪な思いがエスカレートする。

けれども、待てよ、自分の気づきが間違っていたらどうしよう。そうなると恥ずかしい。迷い始めた。心が揺れ、頭が混乱した。だが、指摘しなければならないという使命感のようなものが勝り、勇気を振り絞って手を挙げた。挙手するエル君にワッショイ先生はいつも通り穏やかな表情でいった。

「なんだね？」

エル君がいった。

「あの～、先生の方程式の展開に間違いがあるのですが」

一瞬にして教室全体が気まずい空気で覆われた。教室の端で立ち見していた付き添い助教授たちの顔面が引きつった。それまで柔和な笑みを浮かべていたワッショイ先生の顔がみるみる鬼の形相に変貌した（だだだ大魔神やんけ～！）。

「どこがおかしい！　説明してみろっ！」

孫ほど年の離れたエル君を指さし、突き刺すように甲高い声でワッショイ先生はいい放った。

「マズイ。イチビッて質問などするのではなかった」

エル君は後悔した。逃げ出したい気分だった。けれども手遅れだった。素直に思ったことを述べる他に進むべき道はない。

「〇〇段目の符号が逆です。そこは＋（プラス）ではなく－（マイナス）になるはずです」

ワッショイ先生は顔を紅潮させたまま黒板の方に振り向き、そのまま仁王立ちになった。板書した方程式を点検するのに三〇秒ほどを要したであろうか。先生はゆっくりとエル君の方に向き直った。もとの柔和な笑顔を取り戻していた。そしていった。

「結構です。君の指摘が正しい」

「オ〜ッ」という歓声が沸いた。氷を張り巡らしたような教室の緊張も解かれた。

授業が終わった時にはエル君は爽快な気分になっていた。そこにワッショイ先生が近づいてきた。

「君。先ほどの指摘、あれはあれで正しくはあるのだが、単に符号の違いを指摘しただけに過ぎない。力学的本質を指摘していない。今後はそのような勉強をしなさい」

「はい。ありがとうございます」

エル君はそう答えたが、まったく意味がわからなかった。内心こう叫んでいた。

「知らんがな〜！」

後日、いつもワッショイ先生に付き添っている助教授が廊下ですれ違うエル君に声を掛けた。

「ワッショイ先生が君のことを褒めていたよ。〝彼、大学院に進学させたいね〟と仰っていたよ」

とても嬉しかった。けれども、その頃のエル君は既に弟子入りすべき先生を決めていた。

## （2）アーキテクト

「建築意匠論」。専門必修科目の中でエル君が最も好きな授業であった。(1) トリータ先生が担当していた。

エル君は初回の授業でトリータ先生の知性に衝撃を受けた。甲高い声を発して展開される講義は実にリズミカルで、淀みなく、理路整然としていた。「あ〜っ」「う〜っ」「え〜っ」などという間の取り方は一切しない。話しながら考えるのではなく、考えたことを話すのだ。

あたかも用意された原稿を朗読するかのようだった。講義の内容は抽象的で難解ではあったけれど、知性がみなぎっていた。

長身で、端正な面持ち、背筋が伸び、スーツがよく似合っていた。

トリータ先生は大正元（一九一二）年生まれ、熊本の第五高等学校を卒業後、帝国大学文学部哲学科に進学した。文学や哲学が好きだった。けれども軍人だった父親がこれに激怒した。「哲学など男子が選ぶべき学問ではない。工学部以外には学費は出さん」

そう言われて困り果てたトリータ先生だったが、やむを得ずいったん退学し、次の年、工学部建築学科に入学した。なぜ建築学科だったのか。それは、工学部にありながら、哲学や美学を主とする専門領域をもつ学科だったからだ。

建築論というジャンルがそれである。西洋哲学（たとえば、実存主義やロマン主義）を軸にすえた建築論の発祥の地はヨーロッパであった。そのヨーロッパにおいてさえ、建築論をこなすことができる建築家、すなわち、〝アーキテクト〟と呼ばれるにふさわしい人は極僅かであった。日本には五人もいないといわれていた。そのうちの一人がトリータ先生であった。

建築歴史学の先生が授業中にそういったのだから事実であろう。

「トリータ先生の講義を聴くことができるなんて、君たちは幸せだよ」ともいっていた。建築業界の人たちのあいだでも評判だった。

「トリータ先生に褒められた建築物はそれだけで価値が上がる」

昭和一四（一九三九）年、トリータ先生は帝国大学工学部建築学科卒業と同時に満鉄に就職され、建築家として、各種公共建築物の設計施工に従事された。

終戦後、建設省技師を経て、関西の国立大学で教鞭を取られた。某女子薬科大学など、トリータ先生が設計された建築もいくつか現存していた。

超一流の建築論で理論武装をし、デザインセンスにも恵まれた凄腕のアーキテクト。本当にかっこよかった。トリータ先生の弟子になる、エル君は勝手にそう決意していた。

（3）アーティキュレーション

二年生の必修科目に「設計演習」があった。出題者はトリータ先生で、課題は住宅の設計であった。

一つの課題につき二ケ月ほどの期間をかけて取り組むのだが、学生たちは毎週、製図室で途中経過の図面チェックを受けた。非常勤講師の設計技師たちを含め五人ほどの先生方が控えていて、学生たちは空いている先生のところへいって図面を見てもらう。

けれども、エル君はトリータ先生以外の人には決して図面を見せようとはしなかった。手が空いている先生が「こっちこっち」と手招きしても、知らぬ顔をしてその場を去った。先生たちからすると嫌なガキだったに違いない。

トリータ先生が休憩等で席をはずしている時は、トリータ先生の研究室の前の廊下にしゃがんで待っていた。トリータ先生が研究室から出てくると、図面を差し出した。

トリータ先生は、「他の先生にみてもらえばいいのに〜」といいながらも、図面を受け取り、丁寧に点検した。ある日、エル君の図面を点検していたトリータ先生が独り言のように呟いた。

「住宅は、物理的機能を満たすだけでなく、安らぎの空間でなければならない」

意表を突かれたエル君はポカーンとした表情でトリータ先生を見つめた。その前の週の「建築意匠論」でエル君が提出したレポートに書いた文章だった。

「君、あのレポート、$A^{+}$を付けておいたよ」

この時は本当に嬉しかった。

四年生になるとゼミに所属するのだが、トリータゼミは最も競争率が高かった。幸運にもトリータゼミへの配属が認められた。トリータ先生は、議論においても、レポートの文章においても、さらには図面のデザインにおいても、ある面で徹底したこだわりを持っていた。

〝articulation〟という概念だ。

articulationとは分節化という意味である。音楽家や言語学者がよく使う概念だそうだ。トリータ先生はリズミカルで小刻みな文章やデザインを好んだ。それに反して、ダラダラとした文章をみると、〝牛のヨダレのような文章はよくない〟といって忌避した。

ゼミでは美学や哲学に関する文献を読まされた。しかもすべて英語だった。議論も抽象的になる。

ゼミの仲間は辟易としていた様子であったが、エル君は楽しかった。

ある日、エル君にゼミでの発表の機会が巡ってきた。

「ゲーテがいうように、〝建築は凍れる音楽〟であり……」

準備万端で臨んだゼミであった。自信たっぷりで意気揚々と言葉を繋ごうとした瞬間、トリータ先生から横槍が入った。

「ゲーテはそんなこと一言もいっていない。文章にも残していないよ」

　エル君は驚いた。

「でも、〇〇出版から出ている教科書にそう書いてあります」

「その教科書が間違っている。それはゲーテではなく、シェリングの言葉だよ」

　エル君は驚いた。いくらなんでも、有名な学者の著書で、しかも大手出版社から出されている教科書にこんな重大な間違いがある筈がない。

　さすがのトリータ先生も勘違いをしているのではないだろうか。エル君はそう訝しがった。ところが、後日、その教科書の改訂版が出された際にその箇所が訂正されていた。トリータ先生が正しかった。

　ある日、トリータ先生から進路について問われた。エル君は建築設計事務所で働きたいと告げた。

　するとトリータ先生はいった。

「設計事務所に就職したいのなら、修士課程ぐらいは出ておきなさい。今どきの設計事務所はそうだよ」

北摂大学は新設校で、当時はまだ大学院は設置されていなかった。そこで系列校の浪速工業大学の大学院を受験することにした。エル君の先輩たちも毎年受験していたのだが、未だかつて合格者は出ていなかった。今では考えられないことであるが、修士課程の定員がわずか三名で、内部生にとってさえ難関であった。エル君は考えた。

「全科目満点をとれば、必ず合格する」

九月に受験日があったので、七月から八月にかけての夏休み期間中、毎日一〇時間、猛勉強をした。受験科目の教科書もすべて暗記した。学科試験は英語と二つの専門科目の計三科目、その後口頭試問があった。口頭試問の会場には建築学科の全教授が参列していた。なんと、その中に構造力学のワッショイ先生の姿もあった。口頭試問の場で最初に口火を切ったのがワッショイ先生であった。

「君は確か、トリータさんのゼミやったな」

笑みも見せず、睨みつけるようにいった。

ワッショイ先生が二年前に講義を受けていた一学生のことを覚えていてくれた。それ自体は光栄なことではあったが、エル君の心は曇った。

「これで不合格となるのか」

　エル君は諦めかけた。というのも、元来、建築デザイン系の先生たちと構造力学系の先生たちは仲が悪く、エル君は建築デザイン系の先生のゼミにいたからだ。建築デザイナーたちは自分たちの芸術的な造形を力学的にサポートするのが〝構造屋〟の仕事と考えていた。明らかに上から目線だ。他方、構造力学を専門とする人たちは、デザイナーは構造に無知で、無責任な造形物を夢想して自己満足に陥っていると考えていた。ワッショイ先生も講義中によくデザイン系の悪口をいっていた。

　そんなことを思い返していると、都市計画を専門とするミツバ先生が割って入った。満面に笑みを浮かべ、進学後の研究テーマについて質問した。ミツバ先生はエル君が合格した暁には指導教員になる人だ。ミツバ先生はとても好意的で、表情にはエル君を積極的に受け入れたいという思いがにじんでいた。

　エル君も学科試験の出来栄えには手ごたえがあった。後で知ったことだが、受験した三科目すべてで満点を獲っていた。これは浪速工業大学の歴史上、誰もなしえなかった快挙だったそうだ。

試験明けの月曜日、北摂大学のゼミ室に行った。トリータ先生がいた。笑顔でエル君に話しかけた。

「合格おめでとう。土曜の夜にミツバ先生から電話があってね。優秀な学生を送ってくださってありがとうございますと御礼を言われたよ。本当は、御礼を言うべきはこちらの方なのだがね。三科目とも満点、文句なし、だったそうだ」

合格発表は一週間後だったので、エル君は驚いたが、嬉しかった。すっかり浮かれてしまった。次の週から前期試験（当時は九月に前期試験があった）が始まったのだが、まったくやる気が起こらず、「建築法規」という科目にいたってはまったく手が出ず、〇点だった。落差が激しすぎる、極端な性格であった。

トリータ先生はエル君のことがとても可愛かったようだ。ある日、エル君たちが卒業論文を仕上げるために冬休みにゼミ室に集まろうと話し合っているのを聞いて、「それなら私も来よう」といい、当日、本当に現れた。雑談ばかりで一向に作業が進まない様子を一時間ばかり眺めていたトリータ先生は、

「もういいだろう」と声をかけ、エル君たちをお寿司屋さんにつれていってくれた。エル君たちにとっては一生忘れられない思い出となった。

卒業論文は無事提出した。タイトルは「ル・コルビュジエ研究」。出来栄えについて、トリータ先生は、「前任校で指導していた大学院生の修士論文よりレベルが高いよ」といってたいそう褒めていた。

**（後日談その1）**：数年後（一九八九年）、エル君は進学した西京大学大学院で博士号を取得し、そのまま西京大学の助手に任用された。一九九一年にいわゆる「大学改革大綱化」（中央教育審議会答申）によって文部科学省が規制緩和をする以前のことだ。「大学改革大綱化」以降、課程博士号取得者が激増するのであるが、それ以前は課程博士を取得するのは至難の業であった。後期課程に進学しても、たいていは単位取得満期退学となり、就職をした後、早い人で四〇歳前後、遅い人だと定年退職間際に学位を取得するというのが通例であった。理由はレフリー付論文の本数を稼ぐのがたいへんだったからである。ところが、エル君は主要学会の超難関レフリー付論文を連チャンでクリアし、二九歳で博士号を取得した。西京大学大学院工学研究科博士後期課程建築学専攻で史上最年少の課程博士号取得者となった。

真っ先にトリータ先生に報告した。

「学位取得まで早かったね。梅田まで出てきなさい。飯でも食おう」

トリータ先生はそういってエル君を呼び出した。エル君はＪＲ大阪駅のホテルグランヴィアのラウンジで高価なミックスジュースをご馳走になり、場所を変えて天婦羅をご馳走になった。

食事をしながらエル君がいった。

「将来的にはどうなるかわからないので不安なのですが、当面は、助手になれたので安定しています」

間髪をいれずトリータ先生がいった。

「将来的には安心だが、当面は不安定だね」

エル君は驚いた。そういえば、大学院受験の際に提出した書類にゼミの指導教員が記入する所見欄というのがあったのだが、トリータ先生はそこに「将来大成の見込みあり」と書いて、「これでいいかね」といってエル君に見せたことがあった。そのことを思い出して嬉しくなった。

しばらくして、エル君はトリータ先生のご子息からいただいたお手紙で先生が亡くなられたことを知った。慌ててご子息と連絡を取ってご挨拶に伺った。その際に、「どうやって私のことを知られたのですか？」と尋ねてみた。

「遺品整理をしていて父の日記に目を通していると、ある時期、頻繁にエルさんが登場していたのです。それでエルさんから届いていた年賀状をみつけ、住所を確認し、知らせたのです。父にとってはエルさんが最後のお弟子さんだったのですね」

あれから三〇数年が経過した。今でも、エル君が最も敬愛するのはトリータ先生である。

## 4　彷徨と失望
### ――大学院修士課程時代――

本節ではミツバという姓の先生が三名登場する。同姓の先生が三名、何たる偶然か。とても紛らわしいのだが、〝事実は小説より奇なり〟だからしょうがない（おっとっと～！　本章は小説であった！　失礼！）。一人はエル君の指導教員となられた方、あとの二人は堂島公立大学の助教授とその上の教授。混乱を避けるため、以下、それぞれミツバ1先生、ミツバ2先生、ミツバ3先生と記すこととする。

特に、ミツバ2先生の描写については刺激的に描かれているが、もちろんこれは実在する人物の話ではない。まだ若かったエル君が、古い時代の権威主義に対して反発する場面を描くために登場させた架空の人物である。ミツバ2先生もそのような時代背景を背負った被害者なのかもしれない。したがって、決して、個人の名誉を傷つけるようなことは意図していない。その点を読者にもご理解いただきたい。

## (1) 悲しきコピーマン

一九八二年四月、エル君は浪速工業大学大学院修士課程に進学し、都市計画研究室に在籍した。指導教員はミツバ1先生だった。本当はトリータ先生と同じ建築論の専門家になりたかったのだが、トリータ先生は異なる道を示した。

「建築は単体としてではなく都市空間の中に位置付けてこそ、その実存的価値が浮き彫りになる。都市計画を専攻しなさい。その後、建築家(デザイナー)になればよい」

そういわれて、エル君はあっさり都市計画を専攻することにした。まったく主体性のない話だ。われながら呆れ返るエル君ではあったが、トリータ先生がそういうのだから間違いないだろうと短絡的に考えた。

そして研究生活の第一歩が始まった。いっぱしの研究者に仲間入りした気分でいた。

だが、残念なことに、一年目は失望の連続であった。エル君は、スラム研究で修士論文に取り組むことにした。研究者に多く見られがちな机上の空論ではなく、実際に世の中で問題になっている課題に挑戦してみたかったからだ。テーマは「河川敷空間の宅地的土地利用に関する研究」である。

当時、西京市の神川と多美川が合流する河川敷に広大な中洲があり、そこにスクォッター集落（不法占拠地帯）が形成されていた。約一〇〇世帯が暮らしていた。住民の内訳は一〇％が日本人（中には有名俳優の祖母もいた）、九〇％が在日コリアンであった。

戦後は広島の原爆スラムをはじめ各地に同じようなコミュニティがあったが、行政代執行等でほとんどが撤去され、残すは西京市だけであった。

神川は国の一級河川であり、国（当時の建設省）の管轄下にあったが、管理は西京府が代行していた。住宅供給は西京市の管轄であった。

行政は住民の立ち退きを図ろうとしていたが、有効な施策がなく、対応に苦慮していた。

住民たちの暮らしは劣悪な居住環境におかれていた。家屋はバラックで、下水道はなく、汚水は神川と多美川に放流されていた。

この地区で実態調査を実施し、都市計画的な解決策を見出す、それがエル君の研究テーマの特徴であった。四〇年間にわたって国と自治体が解決しようにも解決できなかった問題、それをエル君の研究で一気に解決しようというのだから、意欲的というよりもむしろ無謀でさえあった。けれども、それまで誰も着手しなかった研究テーマだったので、やり甲斐はある。というより、自身も在日コリアンであったエル君にとっては〝私がやらずに誰がやる！〟という使命感のようなものがあった。だが、エル君の意向を聞いたミツバ1先生は難色を示した。自分には研究指導ができないといいだしたのだ。理由は、ミツバ1先生自身がスラム研究を行った経験がないから（本音はそのような泥臭い研究を嫌っていたからなのだが）。ミツバ1先生はエル君以外の大学院生の指導においても、自分が取り組んできた領域以外のテーマを認めようとはしなかった。

エル君はミツバ1先生が指導を拒む姿をながめながら三年前のワッショイ先生の言葉を思い出していた。大学二年生の「建築構造力学Ⅰ」の授業中にワッショイ先生はこういった。「この中で、将来、大学院に進学して研究者になろうと思っている人はいますか。もしいるならば、言っておきたい。絶対に、指導教員と同じテーマで研究してはダメですよ。それだと、長年そのテーマに取り組んでいる指導教員に勝てるわけがないからね。指導教員もしたことのない、もっというと他人の手垢に染まっていない、自分独自のテーマを見つけなければダメだ」

「ワッショイ先生の言葉が正しいよな、絶対に！」

そう考えていたエル君に、ミツバ1先生が思わぬ助け舟を出してくれた。私の古くからの友人だ。

「堂島公立大学のミツバ2先生がスラム研究に取り組んでいる。私の古くからの友人だ。紹紹介するので、ミツバ2先生の研究室でしばらくお手伝いをしなさい」

ミツバ2先生は、学部時代は社会学を専攻し、大学院から都市計画の研究を始めた人で、スラム問題に関しては豊富な知識を持っていた。ミツバ2先生は研究室を訪れたエル君を歓待し、エル君の修士論文のテーマにも大いに興味を示した。さらに幸運が重なった。エル君の研究テーマに西京府の土木事務所が興味を示し、なんと、西京府からの委託研究という名目で補助金まで提供してくれた。エル君が考えていた以上に画期的な調査研究だったのだ。

スクォッター集落の住民組織の人たちとともに「実態調査チーム」を結成した。ミツバ2先生も自ら研究代表を買って出てくれた。あとは調査を実施するだけだ。事態は順風満帆に推移するものと思われた。

ところが、調査は一向に進展しなかった。来る日も来る日も、エル君はミツバ2先生の研究室にこもって膨大な数の文献資料のコピーに取り組んでいた（取り組まされていた）。自治体が発行した調査研究報告書や古い書籍、これらを一冊まるごとコピーし、製本機で製本するのである。三〇数年前の研究者たちは著作権などまったく意に介していなかった。エル君は見抜いていた。

「ミツバ2先生の研究は資料を蒐集すること自体が目的となっている。入手した資料をコピーして製本することで、研究を終えたような気になっている。この人はただのコピーマンだ。独創性の気配は微塵も感じられない」

エル君は不安になった。それでも、ミツバ2先生は必ずどこかのタイミングで実態調査のゴーサインを出してくれるだろうと信じていた。だが、甘かった。ある日、ミツバ2先生がいった。

「僕は来年、教授に昇進することができるんだ。だが、条件として今年中に博士論文を提出することを求められている。エル君、その作業を手伝ってくれないか。僕が教授になった暁には君の面倒をずっと見てあげるよ」

エル君は驚いた。そして問い質した。

「神川スクォッター集落の実態調査はどうなるのですか？　地域の人たちも、みんなヤキモキしながら私たちを待っています。それに私も自分の修士論文を完成させなければなりません」

「実態調査は断念してほしい。エル君の修士論文も一年先送りしてくれないか。そうすれば、その後は僕が面倒をみるから」

エル君は決意した。

「私一人で実態調査をやります。ミツバ2先生の助けは借りません。お世話になりました」

そういってエル君は堂島公立大学のキャンパスを後にした。その後エル君は独学で調査票を作成し、ボランティア活動で地元を支援している医師や教師たちと協力し合い、実態調査を無事やり遂げた。

都市計画的な課題は、スラムクリアランス後の住民たちの移転先をどのように保障するか、ということであった。移転先の用地、これが最大の難問であるが、自治体には用地を新たに取得する財政的余裕などなかった。そこでエル君は、このエリアに新たに高速道路のインターチェンジが建設される計画があることに着目した。これとの抱き合わせであればプロジェクトとして成り立つ。

神川と多美川が合流する地点を現状よりも五〇〇メートルほど上流にずらす工事をすれば、現在堤防となっている場所を宅地化することができる。法律的には、地目転換をするだけで、そこに公営住宅を建設することができる。こうして修士論文を完成させた。

**（後日談その2）**：この提案は一〇年後に本当に実現することとなる。国土整備省、西京府、西京市が「合同対策本部」を組織し、高速道路の開通に合わせて公営住宅の建設を含む住環境整備事業に乗り出したのだ。(2) もちろん、エル君もこのプロジェクトに関与することとなる。エル君は西京大学工学部建築学科の教官になっていた。現場に同行した大学院生のA君とB君が興味を持ち、このテーマを二つに分けてそれぞれが修士論文を完成させた。

A君とB君は二人とも、建築学会全国優秀修士論文賞を受賞した。一つの研究室から二人の受賞者が出ることなど、他に例を見ない快挙であった。A君は博士後期課程に進学してこの研究を継続し、博士号を取得した。現在は大学教授である。B君は国土整備省の官僚となった。

## (2)〝権威〟への挑戦

修士論文が軌道に乗った頃、建築学会が主催する特別研究会が浪速駅前再開発ビルで開催された。

研究者はもとより、自治体の都市計画担当者、民間のコンサルタントなど、プロ集団が出席していた。人数は五〇名程度。講演者は仲上太一郎。大正九(一九二〇)年に帝国大学工学部建築学科を卒業し、内務省官僚を経て、戦後は堂島公立大学教授となった。学会や都市計画行政方面で活躍し、関西都市計画界の大御所といわれた人物であった。八五歳と高齢であったが、もの凄いバイタリティの持ち主であった。なんと、新たに単著を出版したのである。研究会はその報告会であった。

エル君の指導教員であるミツバ1先生も仲上太一郎の弟子であり、研究会の幹事兼司会をしていた。エル君も無理矢理その書籍を買わされ、研究会にも出席することを求められた。

本のタイトルは『都市学と総合アセスメント』。難解な著書であったが、せっかくだから事前に読み終えて研究会に出席することにした。疑問点はノートにまとめておいた。

仲上太一郎の講演が終わると質疑応答時間となった。会場には緊張感が走り、誰も手を挙げない。空気が読めないエル君が手を挙げた（本当は空気を読んでいたのだが……）。

司会者のミツバ1先生は驚きと不安が入り混じり、表情を曇らせた。おそらく、とんでもなく的外れな発言をするのではないかと心配したのであろう。

エル君はノートにまとめてあった質問内容を披露した。

「仲上先生はご著書の中で次のように述べておられます。

『志布志湾を埋め立て、工場を建設して雇用を増やし、県民の生活を豊かにしようという知事の呼びかけに対して、志布志の老婦は、スモッグの下でビフテキを食べるよりはこの青空のもとで梅干をなめた方がよいと言い切ったのである。これは一八〇度の価値の転換なのである。それは主体の転換であり、かつ住民の価値観の転換なのである』(3)。

そこで質問です。〝青空のもとでビフテキを食べる方法〟は見いだせないのでしょうか。つまり、環境保全と生活の豊かさの両方を実現させる都市計画技法というものは存在するのでしょうか。あるいは、そのようなことはあり得ないことなのでしょうか。その点についての仲上先生の見解をお聞かせください」

ミツバ1先生の表情に変化が見られた。満面に笑みを浮かべながら頷き、エル君の方を頼もしそうに見つめていた。参加者たちの視線は仲上太一郎に注がれた。

仲上太一郎は一〇秒間ほど沈黙したまま腕組みをし、「うう〜ん」と唸っていた。そして「ガッハッハッ〜」と豪快に笑いだした。

「難しい問題だね」

答えはたったそれだけだった。エル君は失望した。同時に嬉しい気分になった。仲上太一郎は著書の中で自身の膨大な読書経験を披露していた。それを読んでいると、一生かけてもこの人の知識には追い付けない、そう思って暗澹たる心持になっていた。けれども、いま、その仲上太一郎が修士二年の大学院生の質問にまともに答えられないでいる。これはいったいどういうことか。知識が豊富であるからといって必ずしも独創的な研究を生み出すわけではないということを物語っているのだ。もちろん、独創的な研究には豊富な知識基盤が不可欠ではあるが、それ以上にセンスと発想力がものをいう。

「越えることができるかも知れない」

不遜にもエル君はそう考えた。すると嬉しさがこみあげてきた。

（後日談その3）：このことがあってから、エル君はその後の研究生活で「都市の開発と保存」という古くて新しいテーマに関心を持ち続けた。そして一〇年後、独自の理論（アーバン・モザイク）を開発し、国際コンペに応募した。このコンペには世界中から二〇〇〇人以上の第一線の専門家たちが応募した。エル君はここで最優秀賞を受賞し、賞金三〇〇万円をゲットした。(4)

次の日、研究室にいるとミツバ1先生が話しかけてきた。
「昨日はいい質問をしたね。よく勉強してきた証だ。あの後、堂島公立大学のミツバ3教授と喫茶店に行ったのだがね。ミツバ3先生は私の先輩でもあり、仲上太一郎先生が退官された後、その後継者となられた方だ。そのミツバ3先生が昨日の質問を聞いて君のことをとても気に入ってくださったのだよ。ミツバ3先生は、エル君なら自分のところの博士後期課程に受け入れてもいいよ、といってくださった。どうかね、博士後期課程に進学して研究者の道を歩まないか」

とてもありがたい話ではあったが、エル君は逡巡し、結論を先送りにした。エル君は学部生時代の恩師であるトリータ先生のもとを訪ねた。そしてこの一件を報告し、助言を求めた。トリータ先生はそれまでに見たことがない厳しい表情でいった。

「これからは海外の大学で博士号を取得して国際的に活躍する人々が登場する時代だ。だから、国内の大学院で博士号を獲るなら、国際競争力のあるところでなければダメだ。どこでもいいというわけではない。最低でも西京大学だね」

エル君は驚いた。これがトリータ先生の本音なのかと。そして先生の率直な助言に感謝した。今にして思うと、どこの大学で博士号を獲ろうと問題はない。要は実力がすべてなのだから。けれども、トリータ先生に心酔していた当時のエル君はトリータ先生の言葉に従うことにした。

## 5　シャーロック・ホームズのように
### ――大学院博士後期課程時代、研究者への道――

ホームズ先生は西京大学工学部建築学科助教授で四八歳だった。当時、ホームズ先生は建築学会の都市計画分野におけるスーパースターだった。ファンが多かった。もちろん敵対する者も多かった。

エル君は建築学会のシンポジウムの場で、ホームズ先生が鋭い論理で討論相手を滅多切りにしている姿を目の当たりにしたことがある。やられた相手は反論さえできず、しかめっ面をしていた。他方で、ホームズ先生は建築家としても優秀なデザイナーであった。黒山章紀という世界的に著名な建築家がいた。彼は学生時代を西京大学で過ごし、ホームズ先生とはクラスメイトであった。その黒山章紀が「デザイン力ではホームズ君に勝てなかった」と述懐していた。絵画や版画もプロ顔負けというぐらい上手かった。まるで、レオナルド・ダヴィンチのような才能の持ち主ではないか。けれども、エル君がホームズ先生にもっとも惹かれたのは、推論をまじえた論理的思考力を披露する姿であった。まるで、シャーロック・ホームズが実在するかのようであった。

エル君は大学院博士後期課程の進学先を西京大学に定めた。ホームズ先生に弟子入りすることに決めたのだ。当然のことながらミツバ1先生は反対した。堂島公立大学のミツバ3先生に対して面目が立たない。また、当時、博士後期課程への進学はプロの研究者を育成することが前提だったことから、講座制を取り入れている西京大学工学部建築学科では募集人数は一～二名であり、内部進学者でほぼ埋まってしまう。外部から受験するエル君が合格する見込みはほぼゼロというのがその理由であった。

それでもエル君は受験した。そして、あろうことか、合格してしまった。

合格通知をもらってしばらくすると、ホームズ先生から呼び出しがあった。

残暑厳しいある秋の日、初めてホームズ先生の研究室を訪ねた。驚くほど狭く、うず高く積み上げられた書類で部屋中が埋め尽くされていた。

ホームズ先生は初対面の学生を笑顔で迎え入れた。先生とエル君は小さなガラステーブルを挟んで互いに向き合って腰を下ろした。

エル君はまだ修士課程の二年生であった。修士論文も完成には至っていなかった。堂島公立大学のミツバ2先生のもとを威勢よく飛び出し、独学で神川河川敷のスクォッター集落の調査を終えるまではよかったのだが、そこから得られたデータをどのように分析してよいのか、まったく手掛かりがつかめず、途方にくれていた。エル君はそのことをホームズ先生に正直に打ち明けた。先生は終始、両足を組み、膝の上で両手を重ね、フワフワした表情で、やや斜め上の空《くう》を見つめていた。エル君の話にはまるで興味が沸かない、といった表情だった。何か別のことを考えているようでもあった。

「先生は僕の力量に失望しておられるのであろうか、それとも、気分を害しておられるのであろうか」

そのような考えが頭をよぎり、不安であった。それでもエル君はかまわず一気に自分の研究内容と進捗状況を説明した。

　沈黙が続いた。エル君は重苦しい心持ちだった。やがて、ホームズ先生はゆっくりとエル君の方に視線を移した。エル君は恐る恐る先生の顔色をうかがった。眼鏡の奥にある先生の目が恐ろしく鋭い光を放っていた。そして、とても優しい眼差しでもあった。

「住民が回答したことと客観的事実との間にギャップがあります。その関係性をどのように説明することができるのか、それを考えるのが君の仕事です」

　ホームズ先生の助言はこの一言だけであった。しかし、この一言でエル君の分析作業は急速に進展した。まさに「目から鱗」というのを体験した瞬間であった。

## 6　教　訓

エル君は九年間をホームズ先生のもとで過ごした。博士課程を終え、工学博士を取得し、日本学術振興会特別研究員を経て、文部教官となった。その間、ホームズ先生の研究指導のやり方を目の当たりにしてきた。

ホームズ先生は大学院生や学部生が何をテーマにしたいといっても決して否定はしなかった。

ホームズ先生の研究指導方法の最大の特徴は、テーマの種類よりも、研究を支える論理を構築することの方に重きをおくところにあった。

十人十色、それぞれ異なるテーマであっても、それぞれの進捗状況に応じて、その時点で求められている着地点、いわゆる「落しどころ」を的確に指し示す。そうすることで学生たちの不安を取り除く。これが、ホームズ先生が果たしていた指導教員としての役割であった。

だが、これは「言うは易く行うは難し」である。自らが厳しいハードル（たとえばレフリー付論文など）を乗り越えてきた人でないと、このような芸当はできない。

エル君は、そのような能力をもたない人たちが、指導教員としての立場をひけらかし、周囲に弊害をまき散らしている例を数多く目撃した。大学院生から素朴な（時には鋭い）質問を浴びせられると機嫌が悪くなる。

「そんな質問をするとは、君はまだ勉強が足りない！」などといって、逆切れしたりする。

エル君はこれを「研究をしない自称研究者の弊害」と呼んでいた。

大学院生、なかでも将来プロの研究者になることを目指している人であれば自覚しておかなければならないことがある。それは、独創的な成果を出そうとすればするほど、独学の道を歩まなければならなくなる、という現実に直面するということである。これはとても孤独で辛いことだ。けれども、誰も発見したことのない研究成果を生み出そうというのだから、当然といえば当然である。指導教員が懇切丁寧にゴールまで導いてくれることなど期待してはならない。自分自身で切り開く、これが研究者として成功している人たちに見られる共通点なのだ。指示待ち人間は論外である。まっとうな博士論文を完成させることなどできない。

もちろん、指導教員は決して敵ではない。アドバイザーであり、応援団長である。そのあたりの線引きがクリアになれば、指導教員の有り難さもわかってくるし、心強い存在にもなる。自分たちの関係性をどのように構築するのか、大学院生と指導教員の間でこの点についての合意形成が求められるのである。

「博士後期課程の院生と私の間で行われるゼミ、それは常に真剣勝負でなければならない。学生と教員の関係と思ってはダメだ。互いに対等の研究者として、時にはライバルとして、議論を戦わせ、切磋琢磨するのだ。そうでないと研究は楽しくならない。一方的な指導だけを求めてくる大学院生など、私は必要としない」

ホームズ先生が初対面のエル君にいった言葉である。

註

(1)　建築学という学問は極めて多彩な領域で構成されている。建築学科の学生は、設計製図、デザイン、絵画、哲学、構造力学、鉄筋コンクリート構造、鉄骨構造、木造、照明、空調設備、測量、造園、そして建築法規などを学ばなければならない。

(2)　リム ボン：「鴨川スクォッター地区の住環境整備と地域支援活動」『生活世界としてのスラム』、古今書院、二〇〇一年、二三三—二五一頁。

（3）中澤誠一郎：「まちづくりと住民の価値観」『都市学と総合アセスメント』、大明堂、一九八二年、一三五―一四一頁。

（4）リム ボン：「モザイク模様の都市計画」『歴史都市・京都の超再生』、日本評論社、二〇一二年、二七―四二頁。

# 第二章　学術論文を効果的に執筆するための極意
## ――立ち位置・テーマ・心意気――

### 1　秘伝の伝授

本章では、これから研究に取り組もうとしている大学院生のために、私が過去三〇年間にわたって蓄積してきたノウハウを紹介してみよう。いわば、私流の秘伝の伝授だ。ただしこれは、言うまでもないことだが、私個人が辿りついたノウハウであって、独断と偏見の産物である。読者の思考を促すためのたたき台に過ぎない。また、既にプロの研究者として活躍されている方々からみれば、とんでもない誤解や間違いを孕んでいるのかもしれない。しかも、読者を刺激してみたいという邪心もあって、挑発的な問題提起となっている。誰かの神経を逆なでするかもしれない。覚悟の上だ。批判や反論も大歓迎である。

## 2 おかしな分類？

### ――理論研究と実証研究――

最初に、私が「おかしな分類」と感じている現象について分析してみたい。私は一九九三年の四月に立命館大学に着任した。産業社会学部に就職したわけだが、それ以前はずっと工学部の建築学科で研究をしてきた。立命館大学に来て、社会学を研究している人たちと交流をして一番始めに驚いたのは、彼らが「理論研究」と「実証研究」という分類をしていたことだ。「げげっ！」「なっ、なんなんだこれは……」「この人たち、研究というものがわかってないんじゃないの⁉」。当時若干三三歳、生意気盛りであった私は不遜にもこう考えた。

なぜそう考えたのか。それには訳がある。学術研究というものの目標とは何か。究極的には、人類の幸福と社会の繁栄に寄与することである、となるのかもしれない。だが、これではあまりにも抽象的すぎる。より狭義の目標がある。それは、実証的な理論を構築することにある。プロの研究者であれば独自性と新規性がより厳しく問われる。

理論を構築するということは、自分の主義主張や信念を述べることではない。学術研究における理論の構築とは、必ず実証的手続きに裏打ちされた〝関係性の解明〟でなければならない。

テレビドラマなどで刑事が「裏を取る」と言う表現をよく使うが、あれと似ている。学術論文も研究者が展開する論理には必ず裏付けが必要なのだ。それが実証である。実証的な手続きを経た段階で初めて理論化が可能となる。

先ほど理論研究と実証研究という分類が非常におかしいと述べたのは、この点を意識しているからだ。実証的でない理論はあり得ない。これはどのようなジャンルの学術研究にも当てはまる。

社会科学者たちが言っていた理論研究とは、よくよく聞いてみると、文献資料を用いた研究のことを指しているようだ。例えば、デュルケームやウェーバーなど、既存の学説を分析している人々である。それに対して、フィールドやアンケート調査などによるデータ解析をしていることを実証研究と言っている。しかしこれは明らかに間違った認識である。実証的手続きというのは文献資料を用いた研究であっても必要なのである。文献資料の分析もある種のデータ解析に他ならない。既存の理論体系であっても、そこには欠点や克服すべき問題点があるはずだ。そう考えるからこれらを研究テーマとして選んでいるはずである。欠点や問題点がない理論であれば、それは完成された理論であって、新たに研究する必要もない。したがって、何がどのように問題であり、欠点なのか。それを論証するために文献資料を分析し、それらを乗り越えた新たな理論を構築する。そのための証拠固めが必要となる。学術論文に登場する膨大な注釈はそのための作業に他ならない。研究者の恣意的な見解ではなく、論拠にもとづく理論であることを示さなければならない。文献資料そのものがフィールドであり、その中のテキストがデータである。これらを解析し、その結果に解釈を加えるのである。

では、フィールドワークは何のために行うのか。例えばアンケート調査の場合を考えてみよう。国勢調査や住宅統計調査など、既存のデータだけで解明することができるテーマであればそれを活用すればよい。しかし、実際には、自分が証明したいことを裏付けてくれる既存データなどほとんど存在しない。そのような場合には自分独自でデータを収集し、加工する作業が必要となる。それらのデータを得るために独自のアンケート調査を実施するのである。

研究者が提示する理論には客観性を帯びた説明責任が発生する。それにはそれを証明するためのデータが必要となる。文献資料分析を用いた研究も一種のデータ解析なのだ。もちろん、どちらかひとつに限られるということではない。フィールドワークを実施する研究者たちも並行して文献資料分析を実施する。化学にしても医学にしても物理学にしても建築学にしても、関連領域の研究がどの水準に達しているのかを文献資料分析によって確認する作業は不可欠である。

では文献資料研究を主とする研究者にとってフィールドワークは不必要かというとそうではない。かつて立命館大学産業社会学部に鈴木良という先生がおられた。私が尊敬する歴史学者である。鈴木先生の文献資料を解読する執念はまさに鬼に例えられた。一本の論文を執筆するのに、文献資料分析のための大学ノートを五〇冊も消費されていたそうだ。しかもフィールドワークの達人でもあった。文献資料に描かれた現場に必ず足を運ばれた。必ず新しい発見に遭遇するのだそうだ。私も一度連れて行っていただいたことがある。学問とは五感をフルに活用することが非常に大事であることを教わった。天才的な研究者はこれに加えて第六感を働かす。

学術研究とは実証的手続きを通じて理論構築を行う作業である。理論研究と実証研究という分類、これがいかに間違っているかご理解いただけたであろうか。

## 3　学術研究は正しくなければならないのか?

学術研究で一番やっかいな命題が「真理の解明」というやつだ。しかし、はたして真理というものが存在するのだろうか。とりわけ、社会科学の領域では一定不変の真理などあり得ないのではないか。ある時期に、その時代背景の中で、ある条件の枠組内で、一定期間、真理と考えられた学説が存在するのかもしれない。しかし、それが永遠の真理かどうかは極めて疑わしい。真理至上主義ともいえる物理学や化学の世界でも、それまで真理と信じられていた学説がものの見事に覆されることがある。絶対的真理など、社会科学の世界ではあり得ないという位に考えておいた方が無難である。そこで読者に問いかけたいのが、学術研究に間違いは許されないのかという点である。どう思われるであろうか。もちろん正しいにこしたことはない。実際、研究者たちは真理を求めて論文を書いている。だが、現実はそうではない。極論すると、むしろ間違った研究（論文）の方が多いのではないか。私はそのように考えている。一人の研究者が生涯かけて行う研究には自ずと限界がある。多くの研究者たちが、しかも何世代にもわたって取り組んできた膨大な量の研究の蓄積によって真理が浮上してくる。私たちの研究はその中の〝one of them〟に過ぎない。

一例を挙げよう。「法隆寺再建非再建論争史」[1]というのがある。ここでは再建を〝さいけん〟と読んではいけない。〝さいこん〟と読むのだそうだ。

世界最古の木造建築といわれている法隆寺。六〇七年頃（飛鳥時代）に聖徳太子が奈良は斑鳩に創建した。今日もわれわれが目にすることのできる法隆寺であるが、実は、一度焼けてある時期に建て替えられたのだとする「再建説」が明治時代に登場した。それに対して、建立当時から現在までそのままだという「非再建説」も登場し、実に一二〇年以上もの間論争が繰り返されてきた。「再建説」を唱える歴史学者たちは日本書紀に六七〇年の火災で法隆寺は一度消失して、その後建て替えられたという記述があることをその論拠としていた。他方、「非再建説」を唱える歴史学者たちは、その古文書の記述が真実ではないと指摘してきた。その論拠は、もし再建されていたのであれば、今の法隆寺の敷地を数ケ所サンプリングして掘り起こし、考古学的に検証してみれば、必ず焼けた瓦礫が出土するはずだと指摘し、実際、調査も行った。その結果、瓦礫は出土されなかった。そして一時期、法隆寺再建非再建論争は「非再建」派に軍配があがった。ところが、二〇〇三年、奈良文化財研究所による年輪年代測定によって六八〇年頃に再建されたことが明らかになった。(2)「再建説」、そして日本書紀の記述が正しかったことが証明された。確かに軍配は「再建説」にあがった。では、だからと言って、「非再建説」を唱えた人々の研究は価値がないのであろうか。私はそうは思わない。論争を通じて双方の説明不足な箇所が白日のもとに晒され、論証のための新たな方法論が開発されてきた。双方が学問の発展に寄与した。このことにこそ価値があると考える。

これに似た例は枚挙にいとまがない。たとえば有名な「邪馬台国論争」というのがある。邪馬台国が北部九州の一帯にあったという「北部九州説」と、大和の国にあったという「機内大和説」とが対立し、一九二〇年代頃から論争が繰り広げられ、未だに決着がついていない。

われわれ研究者に問われるのは、その研究が正しいか間違いかということよりも、何を解明しようとしたのか、そしてどのような方法でそれを証明しようとしたのかという点である。方法論が重要なのである。

カール・ポパー（Karl Popper）が指摘するように、学術研究というのは常に反証を繰り返すことによって真理に近づくことができるのである。(3) ある学術論文が結果として間違っていても、それが反証されたことによって真理が導き出されることがある。これこそが学術研究の醍醐味なのである。

## 4　未知への挑戦

大学院生にとって最も厄介なのが研究テーマを決めることである。私も大学院生の頃はこれで苦労した。「テーマが決まれば研究の七割を終えたようなものです」。ある教授にこう言われたことがある。研究テーマが決まるというのは、研究の落としどころ、つまりパースペクティブが見通せているということなのだ。視界がクリアになるので、それさえ決まれば後はひたすら作業に邁進すればよい。確かにその通りだ。けれども、これはまさに〝言うは易く行うは難し〟である。まずはこの点を克服しなければならない。

学術研究は関係性の解明である。そしてそれは未知への挑戦でなければならない。実はこれが最も難しい。いわゆる研究という言葉は、研究者の世界のみならず、私たちの日常生活の中で広範囲に使われている。たとえば、企業などでも日常業務の中で難題に直面した時などに、「うーん、ちょっと研究してみますわ」といった会話を交わしている。そして既存の資料を調べたり、ネット検索してみたりして、解決策を見出していく。だがこれは学術研究ではない。自分たちが知らないだけで世の中に既に存在している知識から解決策を得ているのである。これすなわち学習である。学術研究の世界はこれとは次元が異なる。学術研究は今まで世の中に存在していなかった知見や理論を生み出す作業である。モノ作りの世界に当てはめてみると、ＡＩやｉＰＳ細胞が今は旬である。哲学とか社会学の世界では、今までになかったものの見方を新たに構築することである。ここで肝要なのは、自分にとって未知なるものと、人類にとって未知なるものとは違うということ。自分が知らないだけなら、既存の学問を学習し、知識を得れば済む話だ。いわゆる「お勉強」をすればよい。学術研究というのは、人類にとって未知なるものを解明する作業である。故に、オリジナリティが求められる。いくら苦労して行った研究であっても、それが既に世の中に存在している知見であれば、残念ながら学術的価値はゼロなのだ。私が院生だった頃の経験である。試行錯誤の末、都市解析の新しい方法論を発見した。大喜び。ところが、せっかく見つけた方法論が一〇年も前の学術雑誌に書かれていた。それと同じことをやっているのだから当然学術的価値はゼロである。しばらく落ち込んだ。時間にして一〇分程度だったであろうか。それから直ぐに元気を取り戻した。こう考えたからである。あの大先生が考えたことと同じことを自分は予備知識なしに考えだしたのだと。そしてそれを自信に繋げていった。生来、かなり単純で楽天的な性格だが、これが後々功を奏したのも事実である。

## 5　研究テーマの絞り方

これまで世の中に存在していなかった知見を見出すのに、大きいテーマか小さいテーマかといったことは問題ではない。けれども、自分が掲げる研究テーマの意義を冷静に見極めなければならない。若い研究者たちは、往々にして、大きなテーマを選びがちである。そうすると無理をしたり、飛躍したりし、頭が混乱したりして、結果的には身動きが取れなくなる状況に陥ってしまう。時間的な制約、金銭的な制約、自分自身の力量、そういったことをトータルに考えて、無理なく取り組むことができるテーマを選ぶのが無難であろう。とくに、博士課程の院生に言いたい。研究者にはロマンが必要だ。だが、ロマンだけでは研究は実現しない。右手にロマン、左手にソロバン、このバランスが必要なのである。ここを間違うと、いつまでたっても博士論文は完成しない。「やりたいこと」は沢山あったとしても、「できること」、つまり自分が置かれた現状でできることには限りがある。さらには、それが学術研究として「やるべきこと」であるのかどうかが問われるのである。

研究テーマを議論する際にやたらと抽象論を唱える人がいる。これも厄介だ。いつまでたっても研究テーマは定まらない。具体的にテーマを絞り込む作業が必要だ。ここで問題にしている抽象論とは哲学のことを指しているのではない。抽象的な世界を扱う哲学を研究するにしてもテーマを具体的に絞り込まなければならないことに変わりはない。言い換えれば、具体的な作業手順を明示することが必要なのである。

ソクラテスの研究をしています、という研究者がいた。具体的にどういう研究ですかと尋ねると、フリーズしてしまった。私が聞きたかったのは、ソクラテスが提唱した哲学のどの部分を、どのような文献資料を何冊集めて（これはターゲットを絞るという意味で）、比較分析も含めてどのような手順で批評するのか、ということだった。このように言うと、即物的に聞こえて反感を抱く人もいるだろう。けれども、実際、三〇年前の京都大学工学部の研究者たちは研究テーマの絞り方をこのようなスローガンで表現していた。「蚕の金玉探し」。下品な表現である。学術書に記載するには不適切かもしれない。けれども、これは私が言ったことではなく、最先端技術を標榜する一流の研究者たちが当時用いていた言葉である。したがって本書では、当時の時代背景を考慮してそのままの表現を用いる。つまり、蚕という生物はただでさえ小さな生き物であるのに、さらに局部である金玉を探してみようという意気込みを現している。

では、私自身はどのようにして蚕の金玉探しを実践したのか。私は都市解析や都市政策を専門としてきたが、具体的なテーマの絞り込みをして科学研究費補助金を獲得してきた。いくつかその例を挙げると、「居住地変動要因の合成分析によるコミュニティ・バランス・モデルの開発」「一九九〇年代に開花した〝負の遺産の価値転換理論〟とマイノリティ・コミュニティの地域再生力」「ハーレム復興を導いたＮＰＯの事業手法と日本の住宅地区改良事業における地域経営戦略」「借り上げ型公共賃貸住宅を軸とした高齢者の小規模集住方式に関する研究」「都市貧困地区対策の検証：同和地区における行政依存体質の克服と社会資本の有効利用」などがある。タイトルの文字数は概ね四〇字程度である。これに比べると社会科学の領域の人たちのタイトルは往々にして大味のように思えてならないのだが、いかがなものか。

## 6　社会的影響力

「こんなことをしていて、一体何の役に立つのだろう？」

学術論文を執筆している時にふと陥りがちな疑念である。真面目な人ほどそうだ。あるいは、もっと世の中をあっと言わせるような新たな学説を披露してみたい。パラダイムシフトというやつだ。スーパースターだ。研究者を志す人々であれば、誰もが一度はこのような野心を抱いたことがあるであろう。とりわけ若い研究者にはこれぐらいの気概が必要だ。けれども、自分の主義主張や信念などをいくら声高に叫んだところで、研究者としては評価されない。先にも述べたように、学術研究は関係性の解明であり、必ず実証的手続きで裏打ちされていなければならない。さらに厄介なことに、研究者の世界では一定の評価が得られた学術研究であっても、世間からは全く関心を寄せられないことも多々ある。むしろ、その方が普通だ。もちろん、そのような研究に社会的価値がないわけではない。

私自身、若いころに痛切にそのことを感じさせられた出来事があった。時はバブル経済真っ盛りの一九八〇年代末期。私は博士論文を完成させつつあった。テーマは「公営住宅事業における地域福祉機能の展開」。当時の日本社会はバブル経済で一見華やかではあったが、住宅事情は最悪の状況にあった。いわゆる狂乱地価という現象だ。土地転がしが全国津々浦で蔓延し、毎日のように地価が上昇した。金余り現象をなんとか消化させようと、金融機関はこぞって無理な融資を行った。不動産価格は実需用とは関係なく高騰した。そんな状況下で、公営住宅を大量に建設すべきだと主張した。ストックの再開発のみならず、既に確保されている公共用地を大胆に活用し、公営住宅をより大胆に供給することを提案した。そのことによって、民間賃貸住宅市場にも影響を与え、家賃の安定化が図れるとした。当時は、公営住宅不要論を唱える学者たちが幅を利かしていた。案の定、私の研究も方々で猛反発をくらった。その後、バブル経済は崩壊し、日本は膨大な不良債権処理で苦しめられるようになった。そんなある日、テレビのニュースを見ていて、思いもよらぬ光景に遭遇した。当時、日本の金余り現象が海外にまで波及し、貿易摩擦に苦しむアメリカ合衆国ではジャパン・バッシングなる反日行動が流行していた。クリントン政権はかつての包括貿易法スーパー三〇一条を発動した上で、報復関税などの制裁措置をとるとして、日本国政府を恫喝した。(4) さらに、貿易摩擦を解消するために、日本国政府は四〇〇兆円規模の内需拡大政策を展開せよと注文を付けてきた（もちろん、これは実現していない）。そこでニュース番組では、世界的に著名な建築家である安藤忠雄さんの意見をうかがうべくインタビューを行っていた。安藤忠雄さんの提案は、四〇〇兆円を全て公営住宅の建設に投入せよというものであった。そうすれば、内需は刺激されより一層拡大し、かつ居住環境も良くなり、日本は本当に住みやすい社会になるというものであった。この提案は大いに注目された。安藤忠雄さんは建築家ではあるが、公営住宅の研究者ではない。実証的なデータ解析をした訳でもない。自分の主義主張を展開しただけだ。けれども、社会的影響力は凄い。駆け出しの研究者である私ごときの無力さを思い知らされた。一瞬ショックではあったが、ミーハーな私は、世界の安藤忠雄が私と同じことを言っているのが嬉しくもあったので、すぐに立ち直った。今は地道に研究生活を送り、社会的影響力は後々身につければいいか、などという不遜なことを考えていた（結局、社会的影響力は身につかなかったけれども）。

## 7　将来予測と研究の価値

経済のバブル期にもう一つの出来事があった。一九九一年にバブルが崩壊するのだが、博士論文を終えた私は、京都の町家と歴史的町並みの保存に関する調査研究に取り組んでいた。京都の都心部でも地上げが横行して、古い町家は経済価値がないということでどんどん取り壊されていた。消滅速度はすさまじかった。この町家をどのように保存し、活用すればよいのか、これが研究チームに与えられた課題であった。とはいえ、京都の都心部に町家がどの程度存在するのか、そもそも町家とは何か、という基本的なデータは皆無であった。そこで、

京都の都心部の北は今出川、南は五条、東は河原町、西は千本通り、この範囲の建物を全てチェックした。その数四万棟。その中から町家と認識される建物をピックアップし、保存状態の良いものから「本格町家」「準本格町家」「変形町家」などといったランク分けをし、

らも、恐る恐る記事の文面に目を向けた。そしてもう一度驚いた。「なっ、なんと、私のことではないか！」それにしても、この記事を書いた記者は人が悪い。普通、誰かの研究成果を記事として新聞に掲載する場合（しかも、第一面ですよ）、本人の了承を得るのが当たり前ではないか。ところが、この時は当事者である私に事前に何の知らせもなかったのである。最初は怒りに慄いていたが、記事を読むうちに次第に落ち着き、最後は嬉しくなってしまった。私の論文が世間から注目されたのだから。快感。少し長くなるが記事を引用する。

「京都のまちづくりに関して『北は開発、南は保存』を説く都市計画の論文が、京都市がこのほど発行した『都市研究・京都』第四号に掲載されている。居住政策に限定しているものの『北は保存、南は開発』とする一般的な考え方と逆で、京都のまちづくりを考える上で一つの視点を示している。京都大学工学部のリム・ボン助手の『モザイク模様の都市計画』と題する論文がそれ。『モザイク』という概念を軸に京都の都心居住政策の一つのあり方を示す。モザイク画は、個々の断片が独立した色彩を持ちながらも、それらを一定の距離から眺めると、全体として美しい像を描き出す。この手法を都市計画に応用。全体計画の中で、個々の地域の役割を明確化、従来対立しがちだった全体計画と個別計画とを結びつける。この手法だと『開発』と『保存』は決して矛盾せず『保存』は都市計画の過程の一つの目標（または結果で）、『開発』は『保存』を実現するための必要な投資ととらえている。この点を踏まえて都心の居住状況を見たとき、老朽化した町家の共同建て替えなど老朽ストックの更新が重要課題になっており、京都らしさを保つ都心で定住人口を確保するには、相当の開発投資をすべき。これに対して南を含めた郊外は、新規開発より再開発に重点を置くべきで、これ以上の空き地消費主義は生態系の保護の視点からも好ましくないとしている。従って、開発投資のかなりの部分は、必然的に都心部のストックの充実に投入することになり、開発投資のウエートの置き方で『北は開発、南は保存』の図式を導いている。別の表現をすれば『保存のためにも開発は必要』ということになる」[(6)]。

さて、話をもとに戻そう。注目される論文を執筆する技法。賢明な読者は既にお気付きのことと思う。逆転の発想を披露するのである。要は、世間に蔓延している一般的な考え方と真逆のテーゼを打ち出す。ただし、ここで忘れてはならないのは、実証的データによって解明された関係性、これに裏打ちされた論理を組み立てることである。これなくしては、ただの遠吠えになってしまい、逆に世間の顰蹙を買うことになる。

逆転の発想はとても単純である。たとえば、男、女、従う、という三つの単語を並べ文章を作った場合、「女は男に従う」と「男は女に従う」の二通りの文章が出来上がる。前者は男尊女卑ともいえる文章であるが、仮にこれが一般的な考え方であったならば、後者は正に逆転の発想である。論文とは、単語の配列である。その配列如何によってパラダイムシフトが生まれるのである。

註

（1）足立康編：『法隆寺再建非再建論争史』、龍吟社、一九三一年。
（2）京都新聞、二〇〇三年七月一六日、朝刊。
（3）佐和隆光：『経済学とは何だろうか』、岩波書店〔岩波新書〕、一九八二年、五四―五五頁。
（4）「米、スーパー三〇一条を復活」、京都新聞、一九九四年三月四日、朝刊。
（5）「逆転の視点示す：北は開発、南は保存」、一九九一年一二月一〇日、京都新聞、朝刊。
（6）リム ボン：「モザイク模様の都市計画」、『都市研究・京都』四号、四六―五一頁。

# 第三章　レフリー付論文への挑戦

## 1　学会誌とは何か

博士後期課程に在籍する大学院生たちは在籍期間中に学位（博士号）を取得することを当面の目標としている。プロの研究者を養成することに真面目に取り組んでいる大学院であれば、学位取得の条件として、主要な学会の学会誌にレフリー付論文を投稿することを大学院生たちに求めているはずだ。だが、ここで問題が生じる。〝主要な学会〟とは何かという問題である。普通に考えれば、政府の諮問機関である日本学術会議の「日本学術会議協力学術研究団体」として認定されている学会のことを指し、そのほとんどが社団法人などの法人格を有している。このような学会の学会誌は厳格な査読基準を設けていて、これをクリアするにはかなりのエネルギーを投入しなければならない。至難の業とまではいわないが、結構高いハードルであることはたしかだ。けれども、これをクリアした時に得られる達成感は格別なものがあり、気分が良い。研究者としての自信が湧いてくる。研究者を目指す人たちには、ぜひ、正面から正々堂々と挑戦してほしいと思う。だが残念なことに、このような学会誌に挑戦することを回避し、制度の網の目を潜って、形式的に業績稼ぎをして、なるべく容易に学位を取得しようとする人がいる。たとえば、仲間同士で立ち上げた研究会を「××学会」と称している任意団体がある。そのような任意団体が発行している冊子に論文を投稿し、仲間内の甘いチェックを受けただけで、これをレフリー付論文としてカウントする人がいる。このようなセコイ行為は許されるべきではない。なによりも、そのようにして博士号を取得したとしても、達成感は得られないであろうし、研究者としての自信も湧いてこないであろう。老婆心ながら、そのような危惧を抱いている。

主要学会の学会誌といえども恐れる必要はない。手堅く論文を執筆するノウハウを身に着け、中身が一定水準に達してさえいれば必ずクリアできるのである。三〇数年前は査読者が意地悪をして論文を通しにくくする事態が発生していた。なかには、受け取った論文を一年も放置したまま査読を行わないケースもあった。単なる嫌がらせだった。現在はそうはいかない。学会のコンプライアンスに抵触するのでそのような行為は厳に戒められているのである。

## 2　レフリー付論文の水準

ここでいうレフリー付論文とは、学術論文、つまり実証的手続きによって理論化された論文のことを指す。欧米ではリサーチペーパーと呼ばれている。

これに対して「研究ノート」というのがある。これは理工系と文社系とでその性格に違いがある。理工系でいう研究ノートは実験データを含めた研究記録を整理したものであり、論文の正当性を証明するためのエビデンスとして機能する。文社系では、研究の構想、仮説、提案などを比較的自由に記述したものであり、必ずしも実証的手続き（文献解読やデータ解析）を伴わないものもある。いわば問題提起の書である。「論文」は、隙がないように、手堅く纏められなければならないが、「研究ノート」はより大胆な構想を描くことができる。これはプロの研究者として一定の業績を有する人々のためのカテゴリーであり、成熟した研究者が持ち得るパースペクティブを披露する場と考えてもよいであろう。研究ノートが何本か蓄積されると書籍として世の中に発信されることもある。その社会的影響力（読者の数という意味での）はレフリー付論文よりも大きい場合がある。「論文」の水準には達していないので「研究ノート」でよいか、などという安易なものではない。

では、「論文」に求められる水準とは何か。大学院生が投稿者であると想定して考えてみよう。大学院生はプロの研究者でない。その大学院生が将来プロの研究者として自立するために必要かつ最小限の能力を身に着けているかどうか。レフリー付論文はそのチェック機能を有する。査読者はある意味そのような使命を背負っているのである。

では、ここでいう必要最小限の水準、あるいは能力とは何か。それは、(1)研究の背景・位置づけ、そして目的を的確に定めることができること、(2)研究目的を達成するための分析作業（つまり実証的手続き）を実施する能力があること、(3)右の(1)(2)の流れとそこから導き出された結論に整合性を持たせる論理力を備えていること、である。

## 3　オリジナリティについて

レフリー付論文に投稿するとやがて査読結果が戻ってくる。投稿者からすると嫌な瞬間である。そして査読者からの指摘として頻繁に登場するのが次のフレーズである。

「本研究のオリジナリティを明示する必要がある」

一瞬、恐ろしくもありがたい指摘のように思ってしまいがちであるが、この指摘に投稿者は決して惑わされてはいけない。深く考えず無責任に書いている人もいるからだ。投稿者にとっては甚だ迷惑な場合もあるのだ。では、どうやって無責任な指摘かどうかを見分ければよいのか。この点を明らかにしよう。

一言でオリジナリティといっても多様なとらえ方ができる。これまでになかった新たな研究領域を創造する壮大なロマンを指すのか、それともすでに確立している領域のある部分を発展させることに貢献する作業なのか、その立ち位置によってオリジナリティの在りようも変わってくる。たとえば、山中伸弥教授のグループが創出したｉＰＳ細胞の研究はどうか。

山中教授の研究のオリジナリティは世界中が認めるところである。壮大なロマンを有する。他方、山中教授のｉＰＳ細胞研究から派生した数多くの研究活動があるのだが、そこにも数多くのオリジナリティが存在している。オリジナリティは一つの研究領域だけをとってみても、全体にも細部にも宿るものである。

査読者が投稿論文のオリジナリティを指摘するのであれば、査読者が求めるオリジナリティとは何か、その範囲と性格、つまり査読者の着眼点を投稿者に対して明示してあげなければならない。それができない査読者はこのような指摘をすべきではない。無責任であるばかりか、査読者が自身の無知をさらけ出すことにもなるからだ。自身が求めるオリジナリティの範囲と性格を明示できない査読者の指摘は往々にして曖昧であり、嫌がらせの域を脱しない。仮に、前人未到の画期的成果を求めているのだとすれば、それは単なる「ないものねだり」でしかない。なぜなら、大学院生が投稿する論文すべてに天才的水準（ノーベル賞級の画期性）を求めることになるからである。非現実的といわざるを得ない。たしかに、「ネイチャー」や「サイエンス」という科学雑誌はこのような水準の論文を求めている。しかし、通常の学会誌はそうではない。

たしかに、大学院生たちが投稿する論文にオリジナリティを求めることは必要だ。しかしそれは、前人未到の大研究としてのオリジナリティを求めることではなく、他者が作成したデータ（文献資料を含む）を丸ごと借用するのではなく、投稿者自身の努力でオリジナルデータを創り上げているかどうかを問うことであろう。文献資料を用いた研究であるならばその収集方法と分析の視点が、データ解析や実態調査であるならばアンケートの設計思想や取材内容が、収集から加工まで独自で実施したものであるか否かをチェックすることが重要なのである。したがって、政府刊行物等に掲載されている図表を貼り付けて、それを分析するだけではオリジナリティがあるとはいえない。むしろ、努力をしない横着なやり方だ。本当に必要なデータというのが既製品として都合よく存在することなど、まずはあり得ない。研究の背景と論文の位置づけに合致するデータは自力で創り上げる以外にない。これが研究のオリジナリティを追求する姿勢である。

# 4　チェックポイント
## ――査読者側からの視点――

### （1）研究の目的

ここでは、大学院生が提出した論文（以下、当該論文）が、当該論文内において解決しなければならない課題を明示しているかどうかをチェックする。

研究目的の書き方（あるいはとらえ方）で絶対にしてはいけないことがある。たとえば、よく見かけるものとして、「本稿の目的は○○を分析することである」といった記述がある。残念ながらこれでは論文にならない。もちろん、審査にも通らない。なぜなら、「分析すること」自体が研究の目的になることはないからだ。分析という行為は学術論文を書くうえで当たり前のことである。目的が何であろうと分析はしなければならないのだ。では、どのように表現すればよいのか。

「○○を分析することによって△△を明らかにする」

これが答えだ。研究目的には、何を明らかにするのか（何を解決するのか）、この点が明記されなければならない。

## （2）先行研究の分析

「可能な限り広範囲な先行研究を踏査せよ」

このようなことを求める査読者がいるが、これも大いなる誤りである。無責任な指摘でもある。なぜなら、学術論文で求められる先行研究分析は、当該論文を執筆するうえで、未だ誰にも乗り越えられていない最高の（あるいは最先端）の業績を特定し、これを批判的に分析し、ついにはこれを乗り越える、こういった道筋を提示する行為でなければならないからである。ターゲットを絞り込む作業といっても過言ではない。つまり、必要不可欠かつ最小限でなければならないのである。仮に、「広範囲な先行研究踏査」に盲目的に取り組むとすると、当該論文を執筆する大学院生は生涯、先行研究を追い求める作業だけにとどまることになる。となると、学位論文は永遠に完成しない。

### （3）分析の手順と内容の妥当性

論文の本文、つまり最も字数の多い部分である。先にも記したように、オリジナルデータ（資料文献の場合は独自の論理設定・視点）を用いて手堅い分析を行っているかどうかをチェックすればよい。つまり、導かれる結論に説得力を持たせるためのエビデンスとして適切な内容となっているかどうかをチェックするのである。

研究者としてはここが一番の腕の見せ所であり、独自の方法論を披露する舞台であり、工夫を凝らすところでもある。

### （4）結論について

目的で明示された課題、それを解決するための分析作業、そして新たに解明された事実、このプロセスに整合性があるかどうかをチェックする。ここで決して陥ってはいけないのがトートロジーである。

トートロジーとは論理が堂々巡りすることをいう。ひとつ、たとえ話をしてみよう。ある場所に誰も立ち入ったことのない湖があるとしよう。そこにどのような生物が生息しているのか、未だわからない。これを解明しようとする研究者が現れた。この研究者の目的はすこぶる明快でわかりやすい。研究者は水中眼鏡だけを着用して船から湖に飛び込んだ。しばらく潜った後水面に浮上し、また潜る。この作業を複数回繰り返した。これがこの研究者の調査分析作業であった。そして調査を終えた研究者は結論を述べた。

「この湖には生物が生息していそうだ。どのような生物が生息しているか調べなければならない」

それを聞いた人たちは思わず笑ってしまうだろう。これは明らかにおかしいからだ。そりゃそうでしょう。湖に生息している生物を調べることを目的とした潜水作業をしておきながら、結論が「湖に生息している生物を調べなければならない」と同じ文言を繰り返しているだけだから。調査分析は終わったが何の進展もなかったのである。笑ってしまいそうなたとえ話だが、プロの研究者であってもこのようなトートロジーに陥る人がけっこういるのである。大学院生の修士論文を読むと、かなりの確率でこのような現象が見られる。

　本来であればこの湖研究者は、目的は明快なのだから、研究を成功させるための準備も念入りに行わなければならなかった。分析手法があまりにも貧弱であった。水中眼鏡ひとつだけだった。たとえば、超音波装置や赤外線装置など、最先端の技術も取り入れて、正確でかつ長時間潜水することができる装備を整えるといった努力をすべきであった。そうすることで、一〇メートル、二〇メートル、三〇メートルと深度を変えた調査を実施することができる。深度毎に生息している生物の種類や動態を観測し、データ化し、その特徴や違いを分析し、そこで明らかになったことを報告すべきであった。そうすると一回目の調査では明らかにできなかったことが何かも明確になり、次の段階で実施すべき研究課題も鮮明になったはずだ。分析手法がしっかりしていれば、トートロジーを回避することができる。

このあたりを明確にイメージすることができれば、研究の目的、分析作業、結論の間に整合性が生まれ、手堅い論文を完成させることができるようになる。

### (5) 論文の添削は犯罪行為である

最後にこの点に触れておきたい。

レフリー付論文に限らず、大学院生が執筆した論文に赤鉛筆を入れて添削する指導教員がいる。あるいは、大学院生の方から指導教員に添削を求めることもある。しかし、学術論文の指導において、これは決してやってはいけない行為である。

添削という行為は、正解やルールが予め設定されていて、その通りに解が得られているかどうかをチェックする作業である。たとえば、書道の先生が生徒の作品に赤い墨汁で添削をする。これはトメ、ハネ、ハライなど、楷書の基本ルールが守られているかどうかをチェックする作業である。作品としての独創性や芸術性を評価する作業ではない。

学術論文には正解など用意されていない。誰も着手したことのない課題に取り組むのだから当然である。したがって、学術論文に「添削」と称して指導教員が手を加えることは、場合によっては犯罪行為と見なされてもしようがない。理由は二つ。

ひとつは、成績改竄になるからだ。たとえば、算数のテストで六〇点しか取れていない生徒の答案に先生が手を加えて（添削して）一〇〇点になったとしよう。これは明らかに不正行為である。大学院生が執筆した論文（修士論文など）に指導教員が添削と称して手を加えるのはこれと同じ行為となる。なぜなら、添削前より添削後の論文の方が指導教員の評価が高くなるからだ。わざわざ添削をして評価を下げる先生など存在しない。したがって、添削した時点で、この論文は大学院生の力量を越えたものになってしまっている。指導教員と大学院生の共著論文なら問題ないが、少なくとも、大学院生の単著論文ではなくなってしまう。

ふたつは、大学院生の個性を打ち消してしまう危険性があるからだ。添削によって、指導教員の思考方法や文章の癖を刷り込んでしまう。ひどい場合は、これによって逆に大学院生の論文の水準が低下してしまうこともあり得る。大学院生のなかには若いながらも、洞察力、文章力、創作力などにおいて指導教員よりもはるかに優れた能力を有している人もいる。天才肌で、将来スーパースターになり得る人物だ。添削によって、このような優れた若者の才能を台無しにしてしまったら、それこそ取り返しがつかない。

赤鉛筆を片手に熱心に添削に励む指導教員とはいったい何者か。それは、自分の方が大学院生よりも優れたセンスの持ち主であるということを疑わない人たちである。

指導教員の役割は、テーマの発掘、研究目的、分析作業、そして結論といった一連の流れに整合性をもたせ、適切な落としどころに着地するよう大学院生を導くことである。大学院生が仕上げてきた論文はそのプロセスを反映した成果物である。長所・短所を含めて、その時点での到達点（実力）を正確に測定（採点）してあげなければならない。試験の答案と同じように扱わなければならない所以である。

大学院生のみなさんにも訴えたい。指導教員に対して自身の論文に対する評価や意見を求めるのはかまわない。むしろ当然のことである。けれども、論文の添削を求めてはいけない。自分の論文に手を加えろ、成績を改竄せよ、と迫っているのと同じだからだ。自分の個性を慈しみつつ、正々堂々、フェアプレーに徹してほしい。

# おわりに

研究者の世界に身を投じていつの間にか三〇数年もの歳月が流れた。〝思えば遠くへ来たもんだ〟、最近、武田鉄矢の歌声が脳裏をよぎるようになった。歳をとったせいだろうか。決して順風満帆な人生であったわけではない。トライ・アンド・エラーの繰り返しだ。

もう一度研究者として生まれ変わりたいかと問われるならば、否。躊躇なくそう答えるであろう。なぜなら、研究者の生活にはONとOFFの区別がなく、仕事を忘れられる瞬間が少ないからだ。どこかへ遊びに出かけても、頭の片隅ではいつも研究モードのスイッチが入っている。論文を執筆するのはいつも夏休みや連休などの長期休暇中だ。学期中は授業や会議で集中的に論文に取り組むのが難しい。思考の持続的集中が必要だからだ。まったくもって精神衛生上よろしくない。

それでも、運よく人並みの研究業績を築き上げることができた。そのように自負している。そしてそれが可能となったのは、私の精神力が強かったからではない。学術論文を生産する上で欠くことのできない技術（テクニック）に支えられたからである。本書ではその手の内を明かすこととした。あくまでも私の個人的体験でしかないので、批判的に読んでいただきたい。もし、若い研究者たちに益するところがあれば、この上ない喜びである。

本書は立命館大学産業社会学会学術図書出版助成によって日の目を見ることができた。ここに記して謝意を表します。

二〇二〇年九月

リムボン

《著者紹介》

リム　ボン

立命館大学教授（工学博士，一級建築士）

**主要業績**

『歴史都市・京都の超再生』（日本評論社，2012年），『まちづくりコーディネーター』共編（学芸出版社，2009年），『躍動するコミュニティ』共著（晃洋書房，2008年）ほか．

研究者への道
—— 学術論文の執筆方法に関する一考察 ——

2020年10月30日　初版第1刷発行
2022年4月25日　初版第2刷発行

＊定価はカバーに表示してあります

著者　リムボン©
発行者　萩原淳平
印刷者　江戸孝典

発行所　株式会社　晃洋書房
〒615-0026　京都市右京区西院北矢掛町7番地
電話　075(312)0788番(代)
振替口座　01040-6-32280

印刷・製本　共同印刷工業㈱

ISBN978-4-7710-3423-5